ALPHABET
ILLUSTRÉ
DES
ARTS ET MÉTIERS

Orné de seize jolies gravures sur acier.

3ᵉ Édition.

PARIS
L. MAISON, ÉDITEUR
17, RUE DE TOURNON.

ALPHABET

ILLUSTRÉ

DES ARTS ET MÉTIERS

L'ORAISON DOMINICALE.

Notre Père qui êtes aux cieux,—que votre nom soit sanctifié,—que votre règne arrive,—que votre volonté soit faite sur la terre comme dans le ciel;—donnez-nous aujourd'hui notre pain de chaque jour,—et pardonnez-nous nos offenses,—comme nous pardonnons à ceux qui nous ont offensés,—Et ne nous abandonnez pas à la tentation,—mais délivrez-nous du mal.—Ainsi soit-il.

LA SALUTATION ANGÉLIQUE.

Je vous salue, Marie, pleine de grâce;—le Seigneur est avec vous;—vous êtes bénie entre toutes les femmes, et Jésus, le fruit de vos entrailles, est béni.

Sainte Marie, mère de Dieu,—priez pour nous, pauvres pécheurs,—maintenant et à l'heure de notre mort. Ainsi soit-il.

Paris.—Imprimé chez BONAVENTURE ET DUCESSOIS, 55, quai des Augustins.

FRONTISPICE.

Le Palais de l'Industrie.

ALPHABET
ILLUSTRÉ
des Arts et Métiers

Un père montre à son fils les suites de la paresse.

Paris
P. Maison, Éditeur,
3, rue Christine
1855

ALPHABET

ILLUSTRÉ

DES ARTS & MÉTIERS

ORNÉ

DE SEIZE JOLIES GRAVURES SUR ACIER

—

Troisième édition

PARIS

L. MAISON, LIBRAIRE-ÉDITEUR

17, RUE DE TOURNON.

Enfants, de mes leçons tâchez de profiter ;
C'est mon amour pour vous qui dicta cet ouvrage :
Heureux si par mes soins vous pouvez éviter
Les maux que doit souffrir l'enfant qui n'est pas sage.

L'homme doit à son Dieu, car il est son ouvrage ;
Il doit à ses parents, qui le rendent heureux ;
Il doit à ses pareils, s'il veut vivre avec eux :
Tel est de nos devoirs ici-bas le partage.

Dieu voit tout, est partout ; on a beau se cacher,
A son œil pénétrant on ne peut se soustraire ;
Fût-on même en secret, on doit toujours tâcher
De ne commettre rien qui puisse lui déplaire.

Heureux qui met en Dieu toute son espérance ;
On a toujours besoin d'implorer sa bonté :
Il nous consolera dans les jours de souffrance,
Si nous l'avons servi dans la prospérité.

Morel-de-Vindé.
(Les Quatrains moraux.)

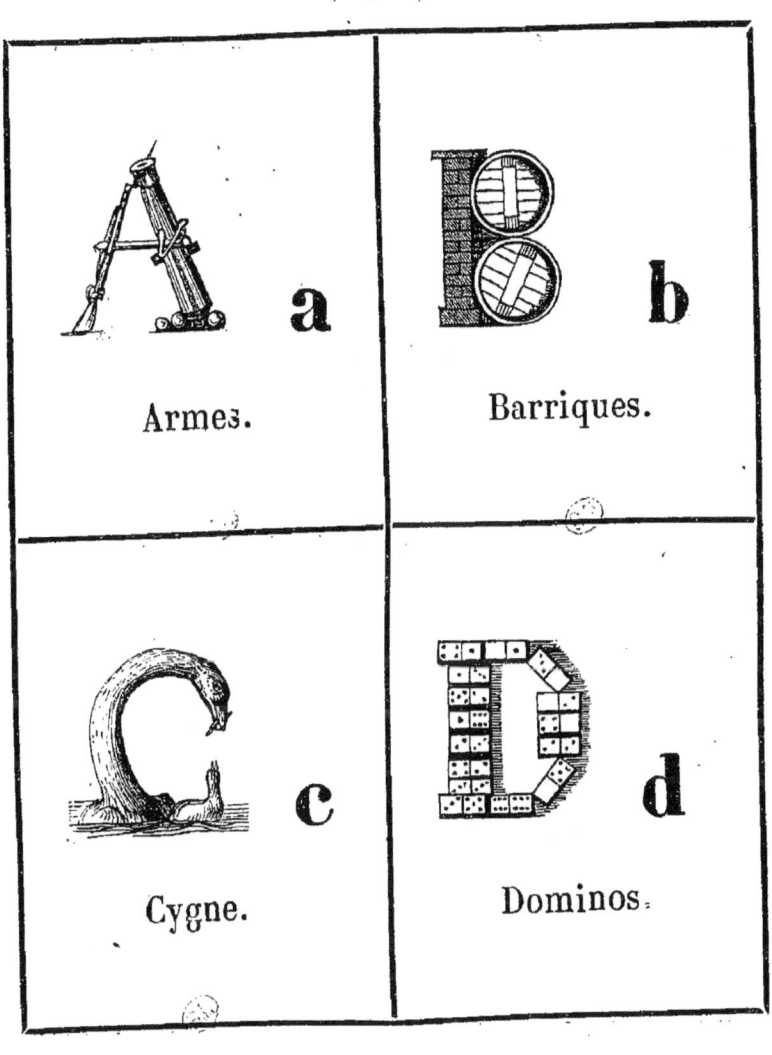

A a Armes.

B b Barriques.

C c Cygne.

D d Dominos.

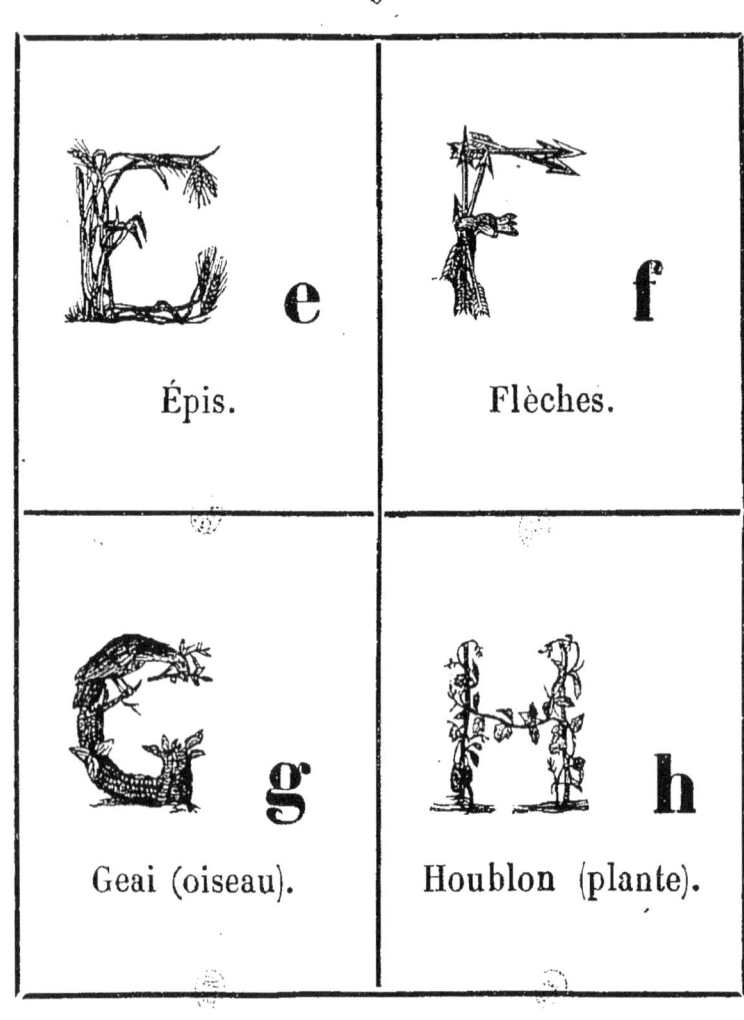

E e Épis.

F f Flèches.

G g Geai (oiseau).

H h Houblon (plante).

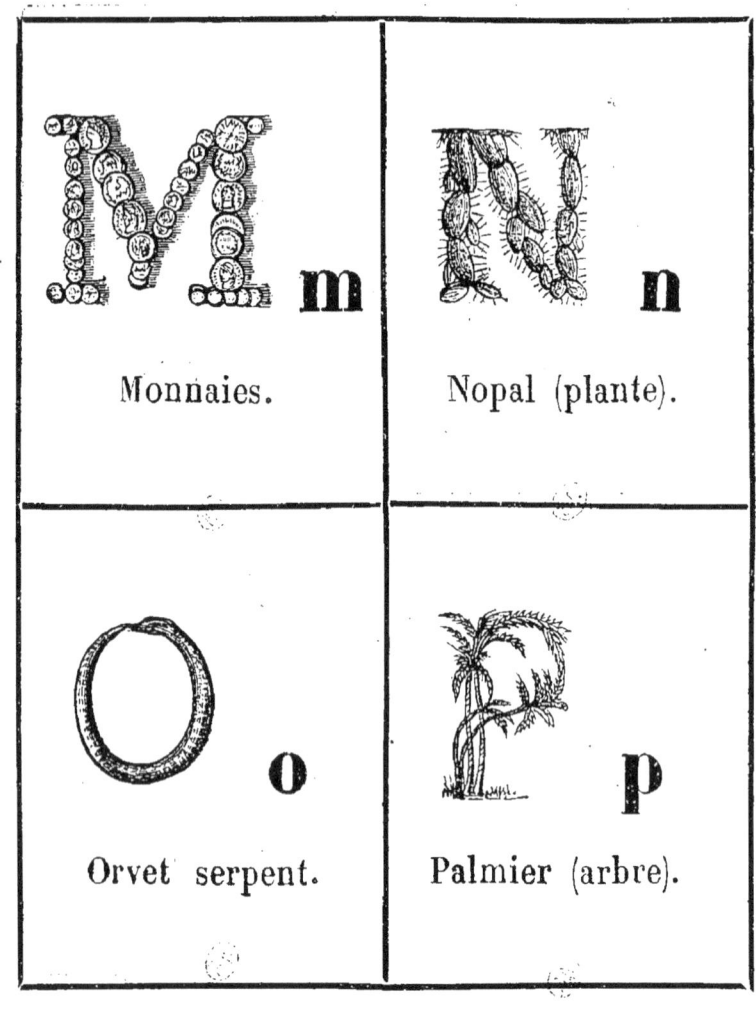

M m — Monnaies.

N n — Nopal (plante).

O o — Orvet serpent.

P p — Palmier (arbre).

Quilles. Ruban.

Serpent. Tilleul.

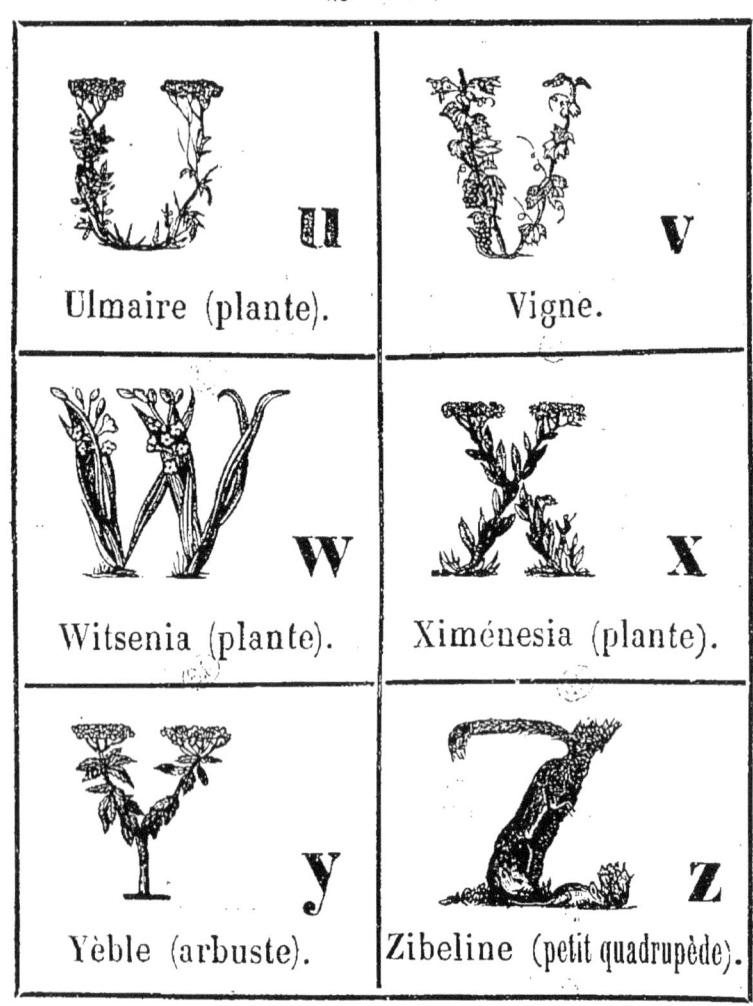

U u Ulmaire (plante).

V v Vigne.

W w Witsenia (plante).

X x Ximénesia (plante).

Y y Yèble (arbuste).

Z z Zibeline (petit quadrupède).

CAPITALES ITALIQUES.

A B C D E
F G H I J K
L M N O P Q
R S T U V
W X Y Z

Caractères romains.

a b c d e f
g h i j k l
m n o p q r
s t u v w x
y z

Caractères italiques.

a b c d e f

g h i j k l

m n o p q r

s t u v w x

y z

CARACTÈRES D'ÉCRITURE.
ANGLAISE.

a b c d e f g h i

j k l m n o p q r

s t u v w x y z

CAPITALES D'ANGLAISE.

A B C D E

F G H I J K

L M N O P

Q R S T U

V W X Y Z

RONDE.

a b c d e f g h i
j k l m n o p q r
s t u v w x y z

GOTHIQUE.

a b c d e f g h i
j k l m n o p q r
s t u v w x y z

VOYELLES.

a e i o u y

CONSONNES.

b c d f g h j
k l m n p q r
s t v w x z

LETTRES DOUBLES.

æ œ fi ffi fl ffl ff

LETTRES ACCENTUÉES.

Accent aigu, é.
Accent grave, à è ù.
Accent circonflexe, â ê î ô û.
Tréma, ë ï ü.

SYLLABES.

Ba	be	bi	bo	bu.
Ca	ce	ci	co	cu.
Da	de	di	do	du.
Fa	fe	fi	fo	fu.
Ga	ge	gi	go	gu.
Ha	he	hi	ho	hu.
Ja	je	ji	jo	ju.
Ka	ke	ki	ko	ku.
La	le	li	o	lu.
Ma	me	mi	mo	mu.
Na	ne	ni	no	nu.

Pa	pe	pi	po	pu.
Qua	que	qui	quo	
Ra	re	ri	ro	ru.
Sa	se	si	so	su.
Ta	te	ti	to	ṭu.
Va	ve	vi	vo	vu.
Xa	xe	xi	xo	xu.
Za	ze	zi	zo	zu.

SYLLABES COMMENÇANT PAR UNE VOYELLE.

Ab	eb	ib	ob	ub.
Ac	ec	ic	oc	uc.
Ad	ed	id	od	ud.
Af	ef	if	of	uf.
Ag	eg	ig	og	ug.
Al	el	il	ol	ul.
Am	em	im	om	um.
An	en	in	on	un.
Ap	ep	ip	op	up.
Ar	er	ir	or	ur.
As	es	is	os	us.
At	et	it	ot	ut.

MOTS A ÉPELER

CONTENANT TOUTES LES SYLLABES USUELLES DE LA LANGUE FRANÇAISE.

Bain, bai-ser, bal, bar-bon, bas, bel, ber-ger, beur-re, bien, bil-lard, bis, blâ-me, blanc, blé, bles-ser, bleu, blo-cus, blon-din, blot-tir, bol-bec, bon-net, bor-ner, bos-ton, bot-ter, bra-bant, bras-seur, brai, bran-card, bret-teur, bri-don, bril-lant, bro-der, broc, brouil-lon, brû, brus-quer, brun, buis, bul-le, bur-gau, bus-te.

Cail-lou, cais-son, cal-mer, camp, ca-que, car-can, cas, cau-seur, cel-lier, cent, cer-cle, cerf, ces, cha-cun, chai-se, champ, char-mant, chant, chas-se, chat, chau-dron, chef, che-min, cher, chif-fon, choi-sir, cho-mer, chou, christ, chu-te, cinq, clair, cla-meur, clar-té, clas-se, clau-se, clé, cler-gé, clerc, cli-mat, clo-che, cloi-son, clou, cof-fre, coif-fer, coin, col-let, com-ment, cor-beau, cos-su, cou, crac, craie, cri, croc, cro-chet, crou-ton, cueill-ir, cuil-ler, cuir, cuis-son, cul-te, cy-gne.

Dais, daim, dal-le, dam-ner, dan-ger, dar-der, den-rée, dent, des-sin, deuil, deux, dia-ble, dic-ter, diè-te, dieu, dif-fus, dis-cret, doc-teur, dog-me, dor-mir, dos-sier, dou-ceur, douil-let, doux, dra-gon, dres-ser, dril-le, dro-gue, droit, dru, drui-de, duc, dur-cir.

Fai-ble, fan-ge, fard, fas-te, fat, fau-tif, faux, fée, fem-me, fes-tin, feuil-le, feu-tre, fiè-vre, fil-le, fla-con, flai-rer, flam-ber, flanc, flè-che, fleu-ve, flo-con, flot-te, flû-te, flu-i-de, foi, foin, fol, fort, fos-se, fou, four, frac, frai-se, fran-çais, franc, frap-per, frau-de, fri-and, froc, froid, frô-ler, fru-gal, fruit, fui-te, fuir, fur-tif.

Gail-lard, gaî-té, gal-be, gam-me,

gant, gar-çon, gas-con, gein-dre, gen-til, ges-te, gil-le, gla-ce, glai-se, gland, glis-ser, glo-be, gloi-re, glou-ton, glu-au, goi-tre, gol-fe, gom-me, gond, gor-ge, gou-jon, gras, grai-ne, grain, gre-lot, grif-fon, grim-per, gro-gner, gron-der, grou-pe, gru-ger, guer-re, guet, gueu-le, gui-chet, guin-gan.

Haie, hail-lon, hal-le, har-di, hau-teur, hec-ta-re, her-be, heu-reux, his-ser, hom-me, hon-teux, hor-mis, houil-le, houp-pe, huî-tre, hup-pe, hur-ler, hus-sard, hut-te, hym-ne.

Ins-crit, jail-lir, jam-bon, jan-vier, jar-din, jas-min, jau-ne, jen-ny, jeudi, joc-ko, joie, joint, jou-et, journal, jus-te.

Ker-mès, kios-que.

Lac, lai-deur, lam-bin, lan-gue, lar-geur, las, lat-te, lau-rier, lec-teur, legs, lent, les-te, let-tre, lier-re, lieu, lièvre, lin-got, lip-pe, lis-te, loi, loin, loir, lom-bes, lor-gnon, lou-is, loup, lourd, lui-re, lus-trer, luth, lynx.

Mag-ma, mai, mail, main, mal, man-chot, mar-bre, marc, mas-que, mau-vais, meil-leur, mem-bre, men-tor, mes-se, met-tre, meu-ble, mie, miel, mien, mieux, mil-lion, mit-te, mix-te, mois, moins, mol, mon-de, mor--dre, mort, mou-choir, mouil-lé, mous-quet, muid, mu-le, musc.

Nain, nan-kin, nar-rer, nas-se, nat-te, nau-sée, nec-tar, nen-ni, nerf, nes-tor, net, neuf, niè-ce, nim-bes, nip-pes, noir, noix, nom, non, nord, nou-eux, nour-rir, nous, nuit, nul, nup-ti-al, nym-phe.

Obs-cur, oie, oin-dre, onc-tion, ours.

Pac-te, pail-le, pain, pair, paix, pal, pam-pre, pan, par-don, pas, pat-te, pau-vre, pec-to-ral, pei-gne, pein-tre, pel-le, pen-sée, peu, pha-re, phénix, phil-tre, pho-que, phra-se, pia-no, pied, pier-re, pieu, pil-lard, pim-pant, pin, pis-ton, pla-fond, plaie, plain-te, plan, plat, plein, pleurs, pli, plin-the, plomb, plon-ger, pluie, plume, plus, poids, poi-gnard, poil, point, poi-re, pois, poix, pol-tron, pom-me, pont, porc, por-te, pos-te, pot, pou-le, pouf, pour-quoi, pous-sin, prai-rie, pra-ti-que, pré, pren-dre, preu-ve, pri-er, prin-ce, pris, prix, pro-fit, prompt, pros-crit, pru-ne, prus-se, puits, pul-pe, punch, pur, pyg-mée.

Quand, quart, qua-tre, quel, question, queue, qui-pro-quo, quin-quet, quoi.

Rab-bin, rac-croc, raie, rai-sin, ran-ger, rap-pel, ras, rec-teur, ren-fort, res-te, rez, rhé-teur, rhône, rhu-me, rin-cer, roi, rond, ros-se, rot, roue, rou-ge, roux, rue, rui-ne, rus-se.

Sab-bat, sac, sai-gner, saint, sal-mis, san-té, sans, sar-cler, sas, sau-le, sauf, scha-ko, sein, seing, sel, sen-sé, sept, seuil, seul, siè-cle, sien, sil-lon, sis, six, soc, soie, soif, soin, soir, sol, som-bre, sort, souil-ler, sous, spec-ta-cle, sta-tue, sub-til, suc, sui-vi, suie, suif, sul-tan, sup-port, sur, sus, syl-la-be, syn-dic.

Tail-le, tain, tam-bour, tant, tard, tas, tau-pe, tei-gne, teint, tel, tem-ple, temps, ten-du, tes-son, tex-te, thé, ther-me, tho-rax, thon, thim, tic, tiè-de, tien, tier-ce, tiers, tim-bre, tir, tis-su, toc-sin, toit, ton, tour, toux, tra-fic, trait, train, tran-che, trap-pe, treil-le, trem-ble, tren-te, tres-se, treuil, tri, troc, trois, trom-be, trô-ne, trop, trot, trou, tru-el-le, tui-le, tur-bot, tym-pan.

Vac-cin, vail-lant, val, van, var, vas-te, vau-tour, vé-lin, vel-te, vendeur, ver, vers, vert, ves-te, vi-a-duc, vic-tor, vie, vieil-le, vil, vin, vio-lon, vir-gu-le, vis, voi-ci, voie, voix, voir, vol, vou-te, vous, vrai, vril-le, vue, vul-gai-re.

Yacht, yeu-se, yeux.

Zain, zes-te, zig-zag, zinc.

Vaisseaux.

PETITES PHRASES A ÉPELER.

J'ai-me pa-pa et ma-man.

Je vou-drais sa-voir li-re.

Bon-jour mon frè-re.

Bon-ne nuit pa-pa.

Ma-man em-bras-se moi.

Le chien ai-me son maî-tre.

Les fruits sont mûrs.

Le che-val est très u-ti-le.

Il faut pri-er le bon Dieu.

Al-lons nous cou-cher.

Il faut se le-ver ma-tin.

Je se-rai bien sa-ge.

Quel-le heu-re est-il?

J'ap-pren-drai ma le-çon.

On ne doit ja-mais men-tir.

Ne fai-sons pas de bruit.

Le chien a-boie.

Le chat miau-le.

Le per-ro-quet par-le.

Le cor-beau cro-as-se.

La gre-nouil-le co-as-se.

Le li-on ru-git.

Le loup hur-le.

Le mou-ton bê-le.

Le bœuf mu-git.

Le ser-pent sif-fle.

Le che-val hen-nit.

L'â-ne brait.

Bœuf.

LEÇONS A ÉPELER.

La lec-tu-re est la cho-se la plus u-ti-le que puis-se ap-pren-dre un en-fant. Ce-lui qui ne sait pas li-re, res-te-ra tou-te sa vie un i-gno-rant. Les com-men-ce-ments sont dif-fi-ci-les, mais on est bien dé-dom-ma-gé plus tard des pei-nes qu'on s'est don-nées. C'est u-ne cho-se bien a-mu-san-te que de pou-voir li-re de bel-les his-toi-res dans un li-vre.

Le bon Dieu n'ai-me point les en-fants pa-res-seux. Il bé-n-it, au con-trai-re, ceux qui ai-ment le tra-vail et l'é-tu-de ; hâ-tez-vous, mes chers en-fants, d'ap-pren-dre à li-re, vous li-rez a-lors des li-vres qui vous ap-pren-dront à con-naî-tre Dieu, à l'ai-mer, à le ser-vir et à le re-mer-cier des bien-faits qu'il ré-pand cha-que jour sur vous.

Quand vous sau-rez bien li-re, vous ap-pren-drez à écri-re, ce qui n'est pas moins u-ti-le que la lec-tu-re

Les en-fants bien sa-ges sont ai-més par tout le monde, et le bon Dieu les pro-té-ge. Il faut ê-tre do-ci-le et o-bé-is-sant a-vec vos parents et vos maî-tres. Ne men-tez ja-mais. So-yez doux et o-bli-geants a-vec vos ca-ma-ra-des. Je vous en-ga-ge aus-si, mes bons a-mis, à a-voir beau-coup d'or-dre et de pro-pre-té. Ran-gez vos ef-fets et vos li-vres et ne sa-lis-sez point vos ha-bits, car la mal-pro-pre-té nous rend un ob-jet de dé-goût pour les au-tres, et l'on perd plus de temps à cher-cher les ob-jets dont on a be-soin qu'à les ran-ger de sui-te. Sou-ve-nez-vous qu'il faut a-voir u-ne pla-ce pour cha-que cho-se et met-tre cha-que cho-se à sa pla-ce.

MAXIMES.

Ai mez vo tre pro chain com me vous-même et Dieu par des sus tout.

Fai tes pour les au tres ce que vous vou dri ez qu'on fît pour vous.

Lors qu'il vous ar ri ve ra quelque cho se d'heu reux, com mencez par re mer cier Dieu.

La pre miè re cho se que vous de vez fai re en vous le vant est de pri er le bon Dieu de vous pré ser ver de tout pé ché dans le cours de la jour née.

N'ou bli ez ja mais a vant de vous

coucher de remercier Dieu des grâces qu'il a répandues sur vous pendant la journée.

Ne parlez jamais sans avoir réfléchi à ce que vous allez dire.

Ne rapportez point le mal que vous savez des autres. Si vous êtes obligé de le faire excusez le autant que possible.

Aimez et honorez votre père et votre mère si vous voulez que Dieu vous bénisse.

MOTS PLUS DIFFICILES A ÉPELER.

Des truc ti bi li té.
Des po tis me.
En thou sias me.
Con tri bu a ble.
Bre douil le ment.
Ab di ca ti on.
Ad mi ra ble ment.
Dé tes ta ble ment.
Ga zo mè tre.
Chry so cale.
É cha fau da ge.

Sté ré o ty pa ge.
Sus cep ti bi li té.
Sym pto ma ti que.
Sys té ma ti que.
Ther mo mè tre.
Thé o lo gi que ment.
Tes ta men tai re.
Sté no gra phi que ment.
Rhu ma tis mal.
O xi da ti on.
Mys ti fi ca ti on.

CHIFFRES.

Un.	1	Seize.	16
Deux.	2	Dix-sept.	17
Trois.	3	Dix-huit.	18
Quatre.	4	Dix-neuf.	19
Cinq.	5	Vingt.	20
Six.	6	Trente.	30
Sept	7	Quarante.	40
Huit.	8	Cinquante	50
Neuf.	9	Soixante.	60
Dix.	10	Soixante-dix.	70
Onze.	11	Quatre-vingts.	80
Douze	12	Quatre-vingt-dix.	90
Treize.	13	Cent.	100
Quatorze.	14	Cinq cents.	500
Quinze.	15	Mille.	1000

HISTOIRE D'UN ENFANT IGNORANT.

Il y a-vait un pe-tit en-fant nom-mé Jac-ques que sa mè-re, qui é-tait veu-ve, a-vait mis à l'é-co-le pour qu'il y ap-prit à li-re. Mais mal-heu-reu-se-ment Jac-ques ai-mait mieux le jeu que le tra-vail, en sor-te qu'il n'ap-pre-nait rien et ne con-nais-sait pas mê-me ses let-tres au bout d'un an.

Sou-vent mê-me il fai-sait l'é-co-le buis-son-niè-re. C'est-à-dire qu'au lieu d'al-ler à l'é-co-le il al-lait jou-er dans les rues a-vec de pe-tits mau-vais su-jets, joi-gnant ain-si le men-son-ge à la pa-res-se.

La pau-vre veu-ve tom-ba ma-la-de et mou-rut. Jac-ques fut bien tris-te, car il ai-mait sa mè-re qui n'a-vait eu d'autre défaut que ce-lui de gâ-ter son fils par trop d'in-dul-gen-ce et de fai-bles-se.

Jac-ques se trou-va donc sans au-cu-ne res-sour-ce. Sa mè-re ne vi-vait que du pro-duit de son tra-vail.

Un mar-chand du voi-si-nage eut pi-tié du pau-vre Jac-ques et se pro-po-sa de le pren-dre chez lui en qua-li-té de pe-tit com-mis, mais lui ay-ant de-man-dé s'il sa-vait li-re et é-cri-re, Jac-ques fut o-bli-gé de lui a-vou-er qu'il con-nais-sait à pei-ne ses let-tres.

— J'en suis fâché, mon pau-vre en-fant, dit le mar-chand, mais tu ne peux en-trer chez moi puis-que tu ne sais pas lire. Ce-pen-dant il me semble que tu al-lais de-puis long-temps à l'é-co-le, qu'est-ce donc que tu y faisais?

Jac-ques bien con-fus se vit for-cé de con-ve-nir de sa pa-res-se et de son man-que de zè-le pour l'é-tu-de.

— Tu es bien cou-pa-ble, lui ré-pon-dit le mar-chand, tu de-vais pen-ser à ta pau-vre mè-re qui se li-vrait sans re-lâ-che à un tra-vail pé-ni-ble pour te nour-rir, et cet-te i-dée de-vait t'en-cou-ra-ger à l'é-tu-de a-fin d'ac-qué-rir promp-te-ment l'ins-truc-tion né-ces-sai-re pour ga-gner quel-que cho-se et la sou-la-ger. Je vois que tu ne mé-ri-tes pas que je m'oc-cu-pe de toi. Tu ne sais rien et tu n'es bon à rien.

Jac-ques a-ban-don-né par le mar-chand, chez qui il a-vait es-pé-ré en-trer, se vit sans pain et sans a-si-le. Un maî-tre ra-mo-neur, qui pas-sait dans la rue, l'ay-ant vu as-sis au coin d'u-ne bor-ne, pâ-le, mourant de faim et de froid, lui pro-po-sa de le pren-dre a-vec lui et de lui en-sei-gner à ra-mo-ner les che-mi-nées. Jac-ques fut o-bli-gé d'ac-cep-ter cet-te of-fre. Il de-vint donc ra-mo-neur, tan-dis que s'il a-vait su li-re et é-cri-re, il se-rait en-tré dans u-ne mai-son où il au-rait ap-pris le com-mer-ce, en sor-te qu'il au-rait pu de-ve-nir par la sui-te un ri-che mar-chand.

HISTOIRE D'UN ENFANT LABORIEUX.

Le petit Alfred allait dans la même école que Jacques dont nous venons de lire l'histoire. Ses parents étaient pauvres, aussi faisait-il tous ses efforts pour acquérir promptement l'instruction nécessaire pour ne plus leur être à charge.

Il était à peine depuis quelques jours à l'école, qu'il connaissait toutes ses lettres et épelait assez bien. Au bout de peu de mois il lisait très-couramment. On le mit à l'écriture, puis à l'arithmétique et il y fit les mêmes progrès que dans la lecture.

Le maître d'école était tellement content d'avoir un élève qui lui faisait tant d'honneur qu'il en parlait à tout le monde. Le marchand qui n'avait pu prendre Jacques à cause de son ignorance proposa aux parents d'Alfred de se charger de leur fils. Ceux-ci y consentirent avec joie, bénissant le ciel de leur avoir donné un enfant qui promettait de faire la joie de leur vieillesse.

Il faut ajouter ici qu'Alfred avait en outre toutes sortes de bonnes qualités. Il n'était point gourmand, ni menteur, il était propre et soigneux, doux et serviable. Il aimait ses parents et était rempli de respect pour eux.

Le marchand ne tarda pas à apprécier les bonnes qualités d'Alfred. Outre sa nourriture et son entretien dont il s'était chargé, il lui donna bientôt chaque semaine une gratification. Alfred s'empressait d'en porter la plus grande partie à ses parents.

Lorsqu'il fut plus âgé il devint principal com-mis dans la maison de son patron, qui finit par l'associer à son commerce et lui donner sa fille en mariage.

Alfred devenu riche n'oublia jamais ses parents, à qui il procura une douce aisance.

ARTIFICIER.

L'Artificier est celui qui fabrique les fusées, les bombes, les étoiles et les soleils pour les feux d'artifice. Il emploie pour cela de la poudre, du salpêtre, du soufre et différents autres ingrédients qu'il mêle ensemble afin de faire des feux de toutes les couleurs.

Les fusées volantes consistent en un tuyau, formé de plusieurs doubles de papier, que l'on remplit de poudre mêlée d'une certaine quantité de charbon bien pilé. On y attache une longue baguette afin que la fusée monte perpendiculairement lorsqu'on y met le feu. Il est dangereux de s'approcher de trop près des grands feux d'artifice, parce que la baguette de la fusée pourrait retomber sur vous, et vous blesser.

Les Artificiers vendent aussi des petites fusées, des pétards et des chandelles romaines. Il ne faut jamais en acheter ni surtout en tirer, mes chers enfants, sans que vos parents vous en aient donné la permission, car c'est un amusement assez dangereux, et il est souvent arrivé que des paquets de fusées et des pétards ont éclaté entre les mains d'enfants imprudents qui se sont trop approchés du feu.

Le métier d'Artificier est très-dangereux et exige beaucoup de prudence et de précaution pour éviter de terribles accidents.

BOULANGER.

Le Boulanger est celui qui fait et vend le pain que nous mangeons. Il prend pour cela une certaine quantité de farine à laquelle il mêle assez d'eau pour en former une pâte épaisse. Il y ajoute un peu de levain pour faire lever cette pâte. S'il n'en mettait pas, elle serait lourde comme celle d'une galette mal cuite.

Le Boulanger pétrit longtemps cette pâte, afin de bien mêler le tout ensemble. Ce travail est très-pénible ; il est fait par des garçons boulangers qu'on appelle *geindres*, parce qu'ils ont l'habitude de geindre en pétrissant.

Lorsque la pâte est suffisamment travaillée, on la divise en pains qu'on met cuire dans un four échauffé d'avance.

Le pain blanc est fait avec de la farine de froment de première qualité, c'est-à-dire, dans laquelle il ne reste pas de son. Le pain bis est fabriqué avec de la farine de seconde qualité, ou avec du seigle. Dans les campagnes, on n'en mange pas d'autre. Le pain d'orge est sec et grossier.

Je vous recommande deux choses, mes chers enfants : la première, de remercier Dieu chaque jour du pain qu'il vous donne, et la seconde, de ne jamais gâcher le pain, car il y a tant de malheureux qui en manquent, que ce serait offenser Dieu.

CHARPENTIER.

Le Charpentier façonne et met en place les charpentes d'un bâtiment, telles que les combles, les planchers, les pans de bois, etc. C'est également lui qui fait les escaliers. Il est utile qu'un ouvrier charpentier sache dessiner et qu'il ait des notions d'architecture et de géométrie, sans cela il ne parviendra jamais à se distinguer dans sa profession.

L'état de Charpentier est pénible et même périlleux, car il est exposé à beaucoup d'accidents.

Le bois que l'on emploie le plus ordinairement dans la charpenterie est le bois de chêne, c'est celui qui a le plus de force et de durée. Un bon charpentier doit connaître les qualités des bois et la charge qu'ils peuvent porter sans se rompre. Les plus beaux et les plus considérables ouvrages de charpenterie sont les ponts de bois et les combles de quelques grands édifices tels que les Halles et marchés.

DENTISTE.

Le Dentiste a soin des dents, il les nettoie lorsqu'elles ont besoin de l'être, et il arrache celles qui sont gâtées. Il fabrique aussi des dents postiches pour remplacer celles qui manquent. Quelquefois il place dans la bouche des personnes qui ont perdu toutes leurs dents, des rateliers entiers, mais ces dents artificielles sont en général fort incommodes.

Les premières dents des enfants tombent pour faire place à d'autres dents plus solides, mais il arrive souvent que ces premières dents tiennent encore pendant que les autres poussent par dessous ; il faut alors arracher ces premières dents, sans cela les secondes pousseraient de travers. Les enfants doivent donc être bien raisonnables lorsque le Dentiste leur ôte ces dents. Cette opération est d'ailleurs très-peu douloureuse, car elles n'ont pas de racines.

Les enfants soigneux et propres doivent pren-dre l'habitude de rincer leur bouche chaque matin avec de l'eau claire, s'ils veulent conserver leurs dents propres et éviter plus tard les maux de dents.

ÉBÉNISTE.

L'Ébéniste fait des meubles de toute espèce, tels que commodes, secrétaires, tables, guéridons, etc. Il emploie des bois ordinaires, tels que le chêne, le hêtre, etc., pour établir les meubles, et il recouvre ces bois ordinaires avec des feuilles de bois précieux, collées à la colle forte et si bien ajustées qu'on croirait que le meuble entier est en acajou, en palissandre ou en citronnier; c'est ce qu'on appelle *placage*.

Ces feuilles de bois de placage sont quelquefois aussi minces qu'une carte à jouer, mais ordinairement elles ont un millimètre d'épaisseur. On les scie à la mécanique, l'Ébéniste les achète toutes préparées.

L'état d'Ébéniste exige beaucoup de goût et

d'adresse. La connaissance du dessin lui est très-utile et lui donne la facilité d'établir des modèles élégants et nouveaux. C'est à Paris qu'on fabrique généralement les plus beaux meubles.

FERBLANTIER.

Le ferblantier fait toutes sortes de vases et d'ustensiles en fer-blanc, tels que poëlons, cafetières, gobelets, arrosoirs, etc.

Il se sert du marteau, de l'enclume et des cisailles pour donner la forme nécessaire aux pièces qu'il fabrique, et il en réunit les différents morceaux avec de la soudure. Cette soudure est un mélange de plomb et d'étain.

Le fer-blanc se prépare dans de grandes usines. On commence d'abord par réduire le fer en feuilles très-minces, à l'aide d'un gros marteau appelé martinet. Ce marteau qui pèse 4 ou 500 kilogrammes est mis en mouvement par un moulin à eau ou par une machine à vapeur.

Les feuilles de fer sont ensuite frottées et récurées de manière à être bien luisantes, puis trempées dans un bain d'étain fondu. L'étain s'attache au fer et le pénètre même un peu. Ce fer prend alors le nom de ferblanc.

GRAVEUR.

Le Graveur en taille douce est celui qui fait les estampes et les images de toute espèce. Il grave en creux sur le cuivre ou sur l'acier un dessin quelconque, et l'imprimeur en taille douce en tire des épreuves.

Parmi les Graveurs, il y en a de très-habiles qui font des estampes magnifiques; d'autres se contentent de faire des gravures pour les livres, pour les alphabets, des images de saints, etc.

Il est indispensable qu'un graveur sache dessiner, sans cela il ne rendra jamais bien un dessin.

Outre les graveurs d'estampes, de vignettes et d'images, il y a les Graveurs en lettres qui ne font que les lettres, les Graveurs de géographie qui font les cartes, les Graveurs sur bois qui gravent en relief au lieu de graver en creux comme le Graveur en taille douce, en sorte qu'on peut tirer cette gravure de la même manière et en même temps que les pages d'un livre. Il y a encore les Graveurs sur métaux qui gravent les poinçons et les matrices d'acier, les Graveurs de cachets et les Graveurs de musique.

HORLOGER.

L'Horloger fait et répare les montres et les pendules. C'est un art très-difficile et qui exige la connaissance de la mécanique jointe à une grande adresse et à beaucoup de précision. En effet, quand on considère le nombre immense et la petitesse des pièces qui entrent dans une montre de femme, on est obligé d'admirer l'adresse et la patience d'un horloger.

Avant l'invention des horloges, on se servait

de sablier. Le sablier est composé de deux bouteilles de verre tournées goulot contre goulot. Dans l'une des bouteilles est du sable fin qui passe dans l'autre dans l'intervalle d'une heure, par un très-petit trou. Lorsque tout le sable est passé dans la bouteille d'en bas, on retourne le sablier et le sable recommence à tomber.

Quand vous serez plus grands et plus raisonnables, mes chers enfants, vous aurez une montre et vous apprendrez à mesurer le temps mieux que vous ne le faites actuellement. Vous saurez alors combien il est précieux pour l'homme laborieux.

IMPRIMEUR EN TAILLE-DOUCE.

C'est l'Imprimeur en taille douce qui imprime les planches gravées par le graveur. A cet effet, il garnit avec un tampon toute la planche de noir préparé à l'huile, de manière à en faire entrer dans tous les traits creusés par le gra-

veur. Puis il essuie soigneusement la planche, en sorte qu'il ne reste d'encre noire que dans les traits creux. Il met ensuite une feuille de papier humide sur la planche, et passe le tout sous sa presse. Le noir qui était dans les traits creux s'imprime sur le papier humide, et l'on a une épreuve de la planche. On recommence ainsi autant de fois qu'on le désire.

C'est donc l'imprimeur en taille-douce qui imprime les gravures qui sont dans les livres, les images, les estampes, les cartes de géographie, enfin tout ce qui se grave en taille-douce.

Les gravures sur bois, c'est-à-dire en relief, au lieu d'être en creux, sont imprimées par les Imprimeurs en lettres.

JARDINIER.

Le Jardinier cultive les plantes des jardins; il taille les arbres, palisse la vigne et d'autres arbustes en espaliers; il nettoie les allées et a soin d'arroser les fleurs. Il doit connaître le sol et l'espèce de culture que demande chaque plante, la manière de tailler les différents arbres fruitiers, les temps de semer transplanter et greffer; enfin il est nécessaire qu'il connaisse la botanique, c'est-à-dire la classification de tous les végétaux.

La Botanique est une science aussi utile qu'agréable; elle nous apprend, entre autres choses, à connaître les propriétés des plantes, et à distinguer celles qui sont malfaisantes de celles qui ne le sont pas. En attendant que vous étudiiez la botanique, mes bons amis, je vous recommande de ne pas mettre dans votre bouche les fleurs que vous ne connaissez pas; il y en a qui sont de dangereux poisons, par exemple, l'aconit, belle fleur bleue en forme de casque; le laurier rose et toutes les renoncules sont plus ou moins vénéneuses, c'est-à-dire malfaisantes. Il faut de même se méfier des fruits sauvages que vous trouverez dans les bois, lorsque vous ne les connaîtrez pas.

LIBRAIRE.

Le Libraire vend les livres qui servent à nous amuser et à nous instruire. Puisqu'à présent vous commencez à bien lire, mes chers amis, je ne puis trop vous recommander le bon choix de vos lectures. Laissez-vous guider dans ce choix par des personnes instruites et expérimentées. Il est nécessaire que vos lectures aient toujours un but utile, c'est-à-dire, les ouvrages que vous lirez pour vous récréer doivent joindre l'utilité à l'agrément. Évitez surtout les livres frivoles qui n'apprennent rien et qui ne sont propres qu'à égarer l'esprit et à fausser le jugement.

C'est souvent des premières lectures auxquelles les enfants se livrent, que dépend la bonne ou mauvaise direction que prendra plus tard leur esprit et leur bonheur à venir.

MARÉCHAL-FERRANT.

Le Maréchal-ferrant est celui qui ferre les chevaux. Il est ordinairement médecin-vétérinaire, c'est-à-dire, il traite les maladies des chevaux et des bestiaux. Cette profession exige beaucoup de connaissance et de sagacité, car les maladies des animaux sont quelquefois difficiles à reconnaître et à guérir.

Le cheval est un animal si utile et si intéressant qu'on ne saurait prendre trop de précautions pour lui conserver la santé. Aussi les personnes qui excèdent un cheval de fatigue ou de coups méritent un blâme sévère. Outre que cette manière d'agir est inhumaine, elle abrutit le cheval et détruit sa santé.

Les plus beaux chevaux sont les chevaux arabes, puis les chevaux anglais. Il y a aussi de fort beaux chevaux en France. La Normandie fournit les meilleurs chevaux de carrosse, et le Limou-

M Maréchal   N Notaire

O Orfèvre   P Pâtissier

sin, d'excellents chevaux de selle. Les chevaux bretons sont mal faits, mais durs à la fatigue, enfin le Perche fournit de bons chevaux de trait.

NOTAIRE.

Un Notaire est un homme nommé par le Gouvernement pour recevoir les actes entre particuliers, et présider à leur rédaction. Un acte passé devant notaire reçoit un caractère légal. Ce sont les notaires qui reçoivent les testaments, qui rédigent les donations et les contrats de mariage, etc.

Le notaire est le témoin des actes que les hommes font entre eux, mais un autre témoin bien plus important de toutes nos promesses et de tous nos engagements, c'est Dieu. Ne manquons donc jamais à notre parole; à défaut des hommes, c'est Dieu qui nous punirait. Souvenons-nous qu'il est présent à tout ce que nous faisons, qu'il connaît le fond de nos cœurs et le motif de toutes nos actions.

ORFÈVRE.

L'Orfévre fait les vases et la vaisselle d'or et d'argent. Il fabrique des soupières, des plats, des couverts, des cafetières, des sucriers, etc., en argent ou en *vermeil*, c'est-à-dire, en argent doré. La profession d'orfèvre demande beaucoup de goût : il doit surtout connaître le dessin afin de donner aux pièces d'orfévrerie et aux ornements dont il les enrichit, les formes les plus élégantes et les plus nouvelles.

Saint Éloi, qui naquit près de Limoges, vers l'an 588, était orfévre. Le trésorier du roi l'ayant pris sous sa protection, il le présenta à Clotaire II qui lui commanda un siége ou trône orné d'or et de pierreries, et lui fit donner la quantité d'or et de pierreries qu'on jugeait nécessaire. Éloi se mit aussitôt à l'ouvrage et bientôt après, au lieu d'un siége, il en présenta deux au roi. A la vue du premier, Clotaire admira fort son talent ; mais il admira beaucoup plus sa probité quand il vit le second ; et il lui dit qu'après une si grande preuve de son désintéressement on pouvait se fier à lui pour des choses d'une plus grande importance. Il le retint à sa cour et lui donna dès lors une très-grande part dans sa confiance ; il le logea même dans son palais, et se faisait un plaisir singulier de le voir travailler.

Tels furent les commencements de saint Éloi, qui devint évêque et l'un des élus du Seigneur.

PATISSIER.

Le Pâtissier fait des pâtés, des brioches, des tourtes, des biscuits de Savoie et une foule d'autres friandises.

Je vais vous raconter, mes bons amis, une histoire relative à l'objet dont nous parlons :

Il y avait un enfant nommé Frédéric qui possédait beaucoup de dispositions pour l'étude, mais qui, malheureusement, était d'un caractère faible, léger, enclin à la paresse et à la gourmandise. Il avait fait la connaissance d'un autre enfant du voisinage appelé Robert. Ce Robert était le plus mauvais sujet que l'on pût trouver dans le quartier. Bien des fois on avait prévenu Frédéric du danger de cette fréquentation ; ses parents lui avaient même défendu de jouer avec Robert, mais celui-ci avait pris un si grand ascendant sur son ami qu'ils continuaient à se voir en cachette. Un jour que Frédéric allait chez le pâtissier voisin pour chercher une commande de ses parents, il rencontra Robert. Au lieu de le fuir, il l'engagea à venir avec lui. La commission faite, Frédéric s'en retournait avec Robert, lorsque celui-ci tira de dessous sa blouse une superbe brioche qu'il avait dérobée sur l'étalage du pâtissier. Frédéric fut d'abord effrayé de cette mauvaise action de son camarade, mais Robert l'engagea avec tant d'instance à prendre sa part du larcin que Frédéric céda, moitié par faiblesse de caractère et moitié par gourmandise. Ils entrèrent dans une allée et Robert essaya de rompre la brioche en deux morceaux, mais elle était de carton peint ! Le pâtissier s'en servait comme de montre pour attirer les chalands et tromper les larrons. Il est impossible de décrire la confusion des deux coupables. Toutefois, après avoir jeté la fausse

brioche dans l'allée, ils allaient en sortir lorsqu'ils aperçurent à l'entrée le redoutable pâtissier. Ah! mes petits fripons, dit-il, en faisant sa grosse voix, vous avez cru me voler et c'est moi qui vous attrape. Il saisit les deux enfants au collet et se préparait à les conduire chez le commissaire, lorsque Frédéric se jeta en sanglotant à ses pieds, en le suppliant de ne pas le perdre. Le pâtissier, qui savait fort bien que Robert seul avait fait le vol, relâcha Frédéric, après lui avoir fait une bonne semonce et livra son compagnon à la justice, qui le condamna à être détenu jusqu'à l'âge de vingt ans dans une maison de correction.

Quant à Frédéric, il fut rudement châtié par son père qui avait appris cette aventure; mais cette terrible leçon lui fut utile, dès ce moment il évita avec soin les mauvaises compagnies et se livra avec tant de zèle à l'étude qu'il devint l'exemple de ses camarades.

QUINCAILLIER.

Un Quincaillier vend toutes sortes d'ustensiles en fer ou en cuivre. Il tient les outils de plusieurs professions, les objets de ménage, les clous, le fil de fer, les serrures, verroux, enfin c'est peut-être la profession qui comprend le plus grand nombre d'articles.

Il ne confectionne pas lui-même ces objets, mais il les tire de diverses fabriques. Autrefois on faisait venir beaucoup de quincaillerie d'Angleterre, mais aujourd'hui on fabrique ces articles en France aussi bien que les Anglais.

Les gros outils, tels que ceux des tailleurs de pierre et des charpentiers, les enclumes, les étaux, leviers, merlins, marteaux de forgeron sont fabriqués et vendus par les *taillandiers*.

RELIEUR.

La profession de relieur a pour objet de couvrir les livres avec du carton et de la peau, ce qui les rend bien plus solides que lorsqu'ils ne sont que brochés.

Le relieur commence d'abord par assembler

les feuilles du livre qu'il veut relier. Il les bat ensuite sur une pierre unie avec un gros marteau, afin d'abattre le foulage de la presse et satiner le papier. Ces feuilles sont après cela solidement cousues ensemble et l'on fixe dessus et dessous les cartons destinés à former la couverture du livre. On enduit ensuite le dos du volume de colle-forte, afin de bien lier ensemble toutes les feuilles, puis on rogne les tranches et les cartons. Ces préparatifs terminés, on recouvre le dos et les cartons avec une peau de mouton que l'on nomme basane, ou bien avec une peau de veau ou de maroquin. Cette peau, amincie sur les bords, est collée bien proprement. Quelquefois on la laisse tout unie, d'autres fois on y fait des marbrures de diverses couleurs. D'autres fois encore on la gaufre au moyen d'un balancier et de matrices de cuivre gravées en creux.

Avant de couvrir le livre on en peint les

tranches d'une couleur unie ou bien on y fait des marbrures de diverses espèces. Souvent aussi on les dore.

Le Relieur s'occupe après cela de la dorure des plats et du dos des volumes. Il y applique des feuilles d'or, et sur cet or, il appuie légèrement des fers gravés et chauffés. Ces fers, qui portent des fleurons, des dentelles, des filets, enfin des ornements divers, impriment et fixent l'or sur la peau qui recouvre le volume. Il y imprime de la même manière les lettres qui forment le titre, enfin il vernit le dos et les plats et finit le volume en le mettant en presse.

Dans la demi-reliure, le dos est en peau et les plats du volume en papier marbré ou autre.

SERRURIER.

Le Serrurier fait toutes sortes de travaux en fer. Il confectionne et pose les serrures, gonds et verroux. Il établit les sonnettes, garnit les fenêtres de toutes leurs ferrures, en un mot, il entreprend tous les ouvrages en fer relatifs aux bâtiments.

Le Serrurier doit savoir le dessin d'ornement, car beaucoup de ses travaux, tels que rampes, grilles et balcons, exigent du goût et de l'élégance; il doit aussi connaître les qualités des différentes espèces de fer et les employer convenablement.

Le *forgeron* proprement dit ne fait que les gros ouvrages du bâtiment, c'est-à-dire ceux que l'on fait à la forge et sans employer la lime.

TONNELIER.

On appelle ainsi l'ouvrier qui fabrique des tonneaux, cuves, seaux et autres vases en bois. Ces vases sont formés de planches de *merrain,* ou bois de chêne, appelées *douves,* assemblées à bord bord et retenues par des cerceaux en bois ou en fer. Les douves des futailles sont un peu plus larges en leur milieu qu'au bout, afin que le milieu du tonneau soit renflé. Ce renflement est appelé *bouje*.

La rainure intérieure qui doit recevoir les fonds du tonneau s'appelle *jable*.

Pour connaître la quantité exacte de litres que peut contenir un tonneau, on en fait le *jaugeage*. On se sert pour cela d'une règle portant des divisions et que l'on introduit dans le tonneau.

USINE

On appelle Usines certaines fabriques où l'on travaille les métaux en grand. Les verreries sont également des Usines. On emploie ordinairement dans les Usines destinées au travail du fer une machine à vapeur. Cette machine, qui a une force prodigieuse, met en mouvement des soufflets pour les forges, des laminoirs, des mar-

| U | Usine | V | Vitrier |
| X | Xannotier | Z | Zingueur |

tinets, et de grosses cisailles qui tranchent de fortes barres de fer avec une facilité merveilleuse. Les laminoirs sont composés de deux grands cylindres d'acier tournant en sens opposés et entre lesquels on fait passer des barres de fer rougies, afin de les aplatir et de les convertir en feuilles de tôle. D'autres laminoirs ont des cylindres cannelés, c'est-à-dire, portant des creux qui se correspondent. Ces creux, dans lesquels on fait passer le fer, servent à former des barres rondes, carrées, des rails de chemins de fer, etc. Enfin on applique la machine à vapeur à toutes les opérations où la force de l'homme et celle des chevaux deviendraient insuffisantes.

Il y a des machines à vapeur dont la force surpasse celle de six cents chevaux réunis.

On appelle verrerie l'Usine où l'on fabrique des bouteilles, du verre à vitre, de la gobeletterie, des cristaux, etc.

Le verre se fait en général avec du sable et de la soude ou de la potasse qu'on fait fondre ensemble dans de grands pots de terre ou *creusets*. Pour le verre à bouteille, on remplace la soude et la potasse par des cendres. Pour obtenir le cristal avec lequel on fait des carafes, les flacons et tous les vases destinés à être taillés, on ajoute du plomb à la potasse et au sable.

Voici comment on fait les bouteilles. Le fourneau où l'on fond le verre contient jusqu'à six pots ou creusets d'un mètre de hauteur chacun, et remplis de verre fondu. L'aide du souffleur prend avec une grande canne creuse en fer, et semblable à un canon de fusil qui serait ouvert par les deux bouts, une certaine quantité de verre ; il passe la canne au souffleur ; celui-ci, en soufflant et tournant continuellement, forme la panse de la bouteille qui se termine dans un moule. Pendant que la bouteille est dans le moule, l'ouvrier continue à tourner et à souffler ;

il relève ensuite la canne, enfonce le cul de la bouteille, coupe le col, et fixe la canne au côté opposé, dans l'enfoncement ; il arrondit ensuite le bord du col et forme le petit cordon qui est autour. L'aide prend ensuite la canne avec la bouteille au bout, et va la porter dans le four à recuire où il la détache de la canne au moyen d'un léger choc. Toutes ces préparations se font en deux ou trois minutes.

VITRIER.

Lorsque vous cassez une vitre, mes chers enfants, on a recours au Vitrier pour la remplacer. Il ôte d'abord le mastic de la vitre cassée, et après avoir pris la mesure, il coupe une feuille de verre de la grandeur nécessaire avec son diamant, il la met en place et la fixe d'abord avec quelques petits clous, puis avec du mastic. Le mastic est fait de blanc d'Espagne battu avec de l'huile de lin. Le vitrier se sert du diamant pour couper le verre parce qu'étant le plus dur de tous les corps, il raie assez profondément la vitre pour qu'elle se rompe facilement dans l'endroit rayé.

Je pense que vous serez bien aises de savoir comment se fait le verre à vitre.

L'ouvrier qui a pris en plusieurs fois une assez forte quantité de verre au bout de sa canne (voyez l'article Usine), souffle et finit par former un globe qui s'allonge par son propre poids et prend la forme d'un cylindre tel qu'on en met sur les vases de fleurs et les flambeaux des cheminées, si ce n'est qu'il est fermé par les deux bouts. L'ouvrier ouvre le bout extérieur, puis détache la canne de l'autre bout; on coupe alors le cylindre du côté qui tenait à la canne et on le refend en long; pour cela on trace avec une goutte d'eau une ligne dans le sens de la longueur du cylindre et l'on passe un morceau de fer rougi sur la ligne tracée par l'eau, ce qui fait aussitôt fendre le cylindre d'un bout à l'autre.

Il ne s'agit plus alors que d'ouvrir ce cylindre ou manchon, afin que, se déployant, il forme une grande feuille de verre, ce qu'on fait en le mettant dans un four bien échauffé; le verre s'amollit et on le déploie et l'étend avec un instrument à long manche.

XANNOTIER.

On appelle ainsi les personnes préposées à la garde des canaux. Un canal est un grand conduit d'eau destiné à porter des bateaux. Les canaux sont ordinairement pourvus d'écluses; ce sont de grandes portes très-massives, qui servent à retenir et à élever à volonté l'eau du canal. Lorsqu'on veut faire couler l'eau qui a été retenue, on lève la vanne, espèce de trappe destinée à ouvrir ou fermer une ouverture dans l'une des deux portes de l'écluse. On ouvre tout à fait les deux portes de l'écluse lorsqu'un bateau doit les franchir.

Comme les canaux n'ont point de courant, on se sert de chevaux pour faire avancer les bateaux.

Le plus beau canal de France est le *Canal du Midi* qui sert à réunir la Méditerranée à l'Océan.

ZINGUEUR.

Le Zingueur est celui qui travaille le zinc laminé pour en faire des vases de toute espèce, des tuyaux et des gouttières.

Le zinc sert aussi à couvrir les maisons en guise d'ardoises. C'est un métal bien utile et à bas prix.

HISTOIRE DE JACQUES.

Je vais vous conter, mes chers enfants, l'histoire d'un homme qui aurait pu être heureux, s'il eût aimé le travail, mais que la paresse et l'oisiveté conduisirent à sa perte.

Jacques Vincent était le fils d'un simple maçon qui, à force d'activité et d'économie, était parvenu à se créer une petite fortune, en se livrant à quelques entreprises de bâtiments. Jacques qui voyait cette prospérité croissante s'imagina qu'il était inutile de se livrer lui-même au travail, puisqu'il aurait un jour de quoi passer sa vie à rien faire.

Ce fut en vain que son père voulut lui montrer son état et lui faire apprendre le dessin, la coupe des pierres et les autres connaissances utiles, soit au simple maçon, soit à l'entrepreneur de bâtiments. Jacques apportait dans toutes ses études tant de négligence et de mauvaise volonté, que son père, rebuté, finit par renoncer à lui faire apprendre son état.

Le père Vincent vint à mourir, et Jacques se trouva possesseur d'une soixantaine de mille francs. Vous décrire la vie qu'il mena alors, serait chose difficile. Grands dîners, parties de plaisir de toute espèce : il ne se refusait rien, chaque jour était pour lui un jour de fête. Il s'était entouré d'une foule de fainéants comme lui, qui vivaient à ses dépens, et le dépouillaient à qui mieux mieux. Il prenait chaque jour de l'argent sans compter, et le dépensait de même. Il ne réfléchissait pas que si l'argent facilite le moyen de travailler, le travail à son tour reproduit l'argent et peut réparer les brèches qu'on fait à son capital.

Enfin puisant toujours dans le vieux coffre-fort de son père et n'y remettant jamais rien, il en vit un jour le fond. Il s'adressa alors à ceux qui l'avaient aidé à dissiper son héritage; mais comme cela arrive toujours, ils lui tournèrent le dos.

Dans cette triste position, Jacques alla trouver un maître-maçon, ancien ami de son père, et le pria de l'admettre au nombre de ses compagnons; mais il montra tant de maladresse dans son nouvel état que l'entrepreneur lui annonça un jour qu'il ne pouvait le conserver que comme simple manœuvre.

Voilà donc Jacques réduit à servir les maçons, mais ses mauvais penchants ne tardèrent pas à lui faire perdre cette dernière ressource, car les ouvriers déclarèrent unanimement à leur patron qu'ils ne pouvaient s'accommoder d'un manœuvre paresseux et inattentif.

Jacques se trouva donc sans travail. Il avait reçu un peu d'argent du maître-maçon; pour s'étourdir sur sa misère il se mit à boire et vendit le restant de ses effets pour continuer à se livrer à la passion du vin. On le voyait du matin au soir chez tous les marchands de vin du quartier. Plus d'une fois la patrouille le ramassa ivre-mort dans la rue. Son aspect, mes chers enfants, vous eût fait horreur: couvert de fange, les habits en lambeaux, la face bourgeonnée, il portait en outre, sur ses traits, l'expression d'abrutissement que produit l'habitude de l'ivresse.

Une nuit, ayant été arrêté comme vagabond sans asile, et personne n'ayant voulu le réclamer, il fut conduit dans un dépôt de mendicité; mais son éloignement pour le travail, qui ne l'avait point quitté, lui ayant mérité quelques corrections, il trouva le moyen de s'échapper, et s'enrôla dans une bande de voleurs. Il ne tarda pas à être pris en flagrant délit. Condamné aux travaux forcés à perpétuité, il subit dans ce moment sa peine au bagne de Brest.

FIN.

Paris.— Imprimé chez Bonaventure et Ducessois, 55 quai des Augustins.

CHEZ LE MÊME LIBRAIRE.

Alphabet de la sainte messe, avec 24 gravures sur bois, représentant les principales cérémonies du saint sacrifice, accompagnées d'un texte explicatif, par M. l'abbé Pascal, du clergé de Paris. 1 vol. in-16, broché, rogné. Prix.............................. » 60

Alphabet des mystères de Notre Seigneur Jésus-Christ, avec 24 gravures sur bois, représentant les principales scènes de la vie du Sauveur, et un texte explicatif, par M. l'abbé Pascal, du clergé de Paris, 1 vol. in-16, broché, rogné. Prix................ » 60

Alphabet illustré de l'histoire naturelle. 1 joli vol. in-16 jésus, enrichi de jolies gravures sur acier et de vignettes sur bois, broché, rogné. Prix........ » 60

Lecture clercrienne ou l'art d'apprendre à lire sans épeler, par M. Clerc, ouvrage approuvé par le *Conseil Royal d'Instruction publique*, sur le rapport de M. Vatisménil ; *recommandé* à tous les instituteurs et institutrices, et *mis à l'épreuve* par M. Cochin, ancien maire, sur divers enfants de l'hospice Cochin, lesquels, après 20, 25 et 30 jours, ont su lire couramment. 1 vol. in-folio, accompagné d'un grand nombre de planches gravées. Prix............................... 6 »

Art d'apprendre à écrire aux petits enfants et aux adultes en 17 jours de temps, sans le secours du maître, par M. Clerc, ouvrage mis à l'épreuve par M. Cochin. 1 vol. in-4. Prix................................ 3 50

Les Bouquets du sentiment, ou choix de vers et de couplets pour le jour de l'an, les fêtes, anniversaires, etc. 1 vol. in-18, gravures. Prix.................... 1 »

Choix de poésies morales et religieuses, à l'usage des maisons d'éducation, faisant suite à la nouvelle *Abeille du Parnasse*. 1 vol. in-18, grand papier. Prix............... .... 1 »

Le Secrétaire omnibus, ou modèles de lettres sur toutes sortes de sujets, précédé d'une instruction sur le style et le cérémonial des lettres, par J. L. Morin, joli vol. in-18. Prix................................ 1 »

Imprimé chez Bonaventure et Ducessois, 55, quai des Augustins.

www.ingramcontent.com/pod-product-compliance
Lightning Source LLC
LaVergne TN
LVHW050625090426
835512LV00007B/673